Gute Laune
die kleine Schwester des
Glücks

Ganz herzlich bedanken möchte ich mich
bei Annerose Lauber
für ihre Unterstützung beim Manuskript und
bei Marie-Luise Wallerich
für die Gestaltung des Bucheinbandes.

Gabriele Schmiedgen

Gute

Laune
die kleine
Schwester des
Glücks

Bibliografische Information der
Deutschen Nationalbibliothek:
Die Deutsche Nationalbibliothek verzeichnet die-
se Publikation in der Deutschen Nationalbiblio-
grafie; detaillierte bibliografische Daten sind im
Internet über http://dnb.dnb.de abrufbar.

Herstellung und Verlag:
BoD – Books on Demand, Norderstedt

ISBN: 9783738657531

Vorwort an meine Leser

Als ich einmal aufgefordert wurde
über Glück zu philosophieren,
wurde mir klar,
dass es für mich ein Glück ist
gute Laune zu haben.
Vielleicht könnte man die gute Laune
auch als Vorstufe zum Glück erleben,
ist es doch gut gelaunt nicht weit zu
Glücksgefühlen.
Schlechte Laune hingegen lässt
Glücklichsein
weit von uns wegrücken.

Ich lade Sie ein,
mit mir die gute Laune
bewusst als einen festen
Bestandteil in Ihr Leben zu holen.

Was ist gute Laune?

Die Definition für Glück ist so vielfältig, wie es Menschen gibt. Wir alle wissen, dass Glück kein dauerhafter Zustand ist, dass es nur Momente sind, die sich mehr oder weniger häufig aneinander reihen.

Aber gute Laune ist ein **Zustand,** den man ausdehnen kann und auf den man viel mehr Einfluss nehmen kann als auf das mitunter flüchtige Glück.

Trotzdem steht die gute Laune immer im Schatten des Glücks und da möchte ich sie jetzt einmal hervorholen und in das Licht stellen, das sie verdient hat.

So wie Glück für jeden etwas anderes, einzigartiges bedeutet, so ist es auch mit der guten Laune. Und weil das so ist, und weil in dem Alltagseinerlei oder der Überflutung durch die Hektik unserer Tagesabläufe und durch manchmal schlaflose Nächte die Ideen zur guten Laune in Vergessenheit geraten können, will ich Ihnen jetzt in Erinnerung rufen, was Sie schon wussten und vielleicht ein paar neue Anregungen dazu geben.

Die Grenze zwischen Glück und guter Laune verwischt sich manches Mal. Wir müssen sie nicht definieren. Wir dürfen einfach nur genießen und uns freuen.

Zunächst stellen wir uns doch mal die Frage, ob wir überhaupt gut gelaunt sein wollen?
Nein – das ist nicht selbstverständlich. Manchmal wollen Menschen leiden. Sie haben das so gelernt, es ist vertraut wie ein alter Schrank, der einem schon lange nicht mehr gefällt, den man aber nicht entsorgt, weil ...? Es hängen Erinnerungen daran, die man noch behalten will. Gute Erinnerungen oder welche, die wehmütig machen?

Unsere Seele bleibt mit Wonne in alten vertrauten Gefühlen. Vertrautheit gibt Sicherheit. Da weiß man was man hat oder hatte. Woher weiß die Seele, dass das Andere das Neue besser ist? Soll sie sich auf etwas Neues, Unbekanntes einlassen? Soll sie ein Risiko eingehen? Besser nicht, besser beim Alten bleiben. Und so bleibt der alte Schrank mit all seinen wehmütigen Erinnerungen stehen, wird abgestaubt, beinhaltet vieles was man nicht mehr bräuchte, oder doch? Es ist nicht einfach sich zu trennen.

Es ist in Ordnung mal zu leiden. Aber man sollte darauf achten wann es keinen Spaß mehr macht! Wie wir gelaunt sind und wie wir gerade fühlen, drücken wir in unserer Körperhaltung aus. Verhalten in der Bewegung, schwerfällig, langsam, gebeugt, zurückhaltend abwartend, misstrauisch, abweisend, wütend, aggressiv, niedergeschlagen, missmutig, entmutigt, überlastet, lustlos und ängstlich, all diese Gefühle geben wir durch unsere Körperhaltung preis! Wir verkörpern sie! Sie speichern sich in all unseren Muskeln, und wir tragen sie ständig spazieren.

Und es ist ein Wechselspiel – der Körper ist gebeugt = die Seele ist im Leid. Die Seele ist im Leid = der Körper ist gebeugt.

Die Seele aufzurichten ist oftmals nicht ganz einfach. Aber den Körper aufzurichten, dazu bedarf es nur eines Befehls aus der Hirnzentrale und einer konsequenten Ausführung, vielleicht ein wenig Disziplin. Es ist erstaunlich, wie schnell eine aufrechte Haltung Gefühle verändert.

Wenn Sie gerade leiden wollen, dann verändern Sie auf keinen Fall Ihre Körperhaltung!

Manche Menschen sind sehr leidensfähig. Eine Fähigkeit die niemand braucht, die niemandem nutzt und die man getrost gehen lassen kann.

Vor vielen Jahren habe ich einmal von einer Langstreckenläuferin, deren Namen ich leider nicht mehr weiß, den Satz gehört: „Man läuft los als Tiger und kommt an als Kätzchen". Ja, man kann Leiden im Laufen oder Gehen gehen lassen. Ein schwungvoller dynamischer Gang in einer aufrechten Haltung erhellt das Gemüt.

Im Leid fühlen wir uns als Opfer. Sind wir in der Opferhaltung, dann erhalten wir gerne Ratschläge! Die sind alle gut gemeint, aber eben Schläge, und indem wir unsere Schlagseite präsentieren, kann jeder hier vorschlagen, was er selbst nicht tut. Unsere Sprache sagt alles so schön aus.

Gute Laune ist vielfältig in ihrer Erscheinung. Vom sanften Lächeln bis zum herzhaften Lachen, vom wohligen Körpergefühl bis zum heiteren Stress – alles bietet uns die gute Laune.

Manche Menschen strahlen gute Laune aus, so als ginge es ihnen immer gut.

„Der oder die hat gut lachen", sagen wir und meinen damit, dass äußere Umstände, die wir gut und erstrebenswert finden, dieser Mensch hat, und manchmal schwingt da ein wenig Neid mit! Und in diesem Vergleich hat unsere gute Laune Mühe bei uns zu bleiben, denn solche Vergleiche mag sie nicht. Sie will einzigartig sein und nicht verglichen werden.

Aber es gibt auch erkennbar Menschen in schwierigen Situationen, die trotzdem lachen. Auch dafür gibt es einen Satz: Humor ist, wenn man trotzdem lacht.

Trotzdem zu lachen ist sehr sinnvoll. Hat man doch herausgefunden, dass die Mimik unsere Emotion beeinflusst. Also, wenn wir lächeln oder lachen, verbessert sich automatisch unsere Laune.

Eigentlich kennen wir das nur umgekehrt: Wir haben gute Laune, deshalb lachen wir.

Aber machen Sie einmal den Versuch: Sie haben schlechte Laune und bewegen Ihre Gesichtsmus-

keln zu einem Grinsen! Ja – wirklich die Mundwinkel bis fast zu den Ohren ziehen, und jetzt
denken Sie bitte traurig!

Es gelingt tatsächlich nicht. Wissenschaftler
haben herausgefunden, ganz einfach erklärt,
dass durch diese Muskelbewegung ein chemi-
scher Prozess im Gehirn ausgelöst wird, der die
Glückshormone frei setzt.

Ich nutze dieses Wissen schon lange. Wenn ich
nachts wach werde und nicht mehr gleich einschlafen kann, dann grinse ich und konzentriere
mich ganz auf diese Muskelbewegung.
Dabei schlafe ich ganz schnell wieder ein! Probieren Sie es aus!

Auch tagsüber kann man das Grinsen einset-
zen, wenn der Tag Unangenehmes beschert,
und/oder man sich ärgert. Der Ärger verfliegt
schnell, wenn man die Mundwinkel beauftragt,
sich zu den Ohren zu bewegen und dort ein wenig zu verweilen.

Im Laufe dieses Buches werde ich noch viele
Tipps für Sie haben, die zur guten Laune beitragen. Das Grinsen mit seiner einfachen grandio-
sen Wirkung liegt mir ganz besonders am Herzen. Deshalb steht es ganz am Anfang.

Nun gibt es eine Industrie die uns weiß macht,
dass wir nur ein bestimmtes Produkt kaufen
müssen, und schon sind wir froh gelaunt. Die
Werbung arbeitet mit allen Tricks der Hypnose

um uns zu suggerieren, was wir tun sollen, um uns rundum wohl zu fühlen und gut gelaunt zu sein.

Das mag mitunter funktionieren – aber mit Sicherheit sind die Verkäufer gut gelaunt über den Umsatz.

Vorsorgeuntersuchungen aller Art sollen uns Sicherheit geben. Natürlich soll diese Sicherheit auch zu einem guten Gefühl – eben zu guter Laune beitragen. Aber tut es das?

Es gibt Ärzte die bewusst ihre Patienten verängstigen, um eine ihrer lukrativen Vorsorgeuntersuchungen an den Mann oder die Frau zu bringen. Auch hier ist ganz klar zu erkennen zu wessen guter Laune das beiträgt. Seien Sie immer achtsam, und hören Sie auf Ihre innere Stimme!

Umgekehrt gibt es jedoch Situationen, die uns gute Laune vermitteln, ohne dass wir uns erklären können wieso.

Ich habe da ein Beispiel von mir. Irgendwann fiel mir auf, dass ich an keiner Eisdiele vorbeikomme ohne ein intensives Verlangen nach Schokoladeneis zu verspüren. Habe ich dieses Eis dann in der Hand, geht es mir richtig gut. Ich fand es seltsam, dass diese Kugel Eis ein so gutes Gefühl in mir auslöste. Während meiner Hypnoseausbildung bin ich in Trance dieser Frage nachgegangen. Es stellte sich heraus, dass ich zwei länger andauernde Situationen erlebt hatte, die mir den Genuss speziell am Eis vergällten. In jedem Fall hatte es mit Einschränkungen meiner Person und Bevormundung zu tun. Aus beiden Situationen hatte ich mich befreit, und niemand verbietet mir mehr den Genuss von Eis oder macht mir ein schlechtes Gefühl, wenn ich es essen will. So ist das Schokoladeneis für mich zu einem Synonym für Freiheit geworden. Es ist das Gefühl der selbstbestimmten Freiheit, das ich mir an der Eisdiele hole und genüsslich auf der Zunge zergehen lasse.

Kann jeder Mensch gut gelaunt sein?

Grundsätzlich kann jeder Mensch gut gelaunt sein. Wir kommen in der Regel mit guter Laune auf die Welt. Als Baby lächeln wir die Menschen an, flirten mit ihnen und warten auf die Reaktionen. Leider erfährt nicht jedes Baby dabei ein Lächeln seiner Umgebung. Da die Prägung schon vor unserer Geburt beginnt, wäre es gut, wenn alle werdenden Mütter gut gelaunt sein könnten, wenn sie während der Monate der Schwangerschaft lachen können und Freude empfinden. Es ist bedauerlich, dass das nicht so ist.

Aber lachen, lächeln und gute Laune sind in uns angelegt. Sie sind ein Bestandteil von uns, und wenn sie uns abhandengekommen sind, dann haben wir die Chance sie uns wieder zu holen. Wir können das Lachen, das Lächeln und die gute Laune wieder erlernen so wie wir das 1x1 gelernt haben. Auch wenn Lebenserfahrungen uns weiß machen wollen, dass uns das Lachen vergönnt ist, ist es alleine unsere Entscheidung, ob wir die gute Laune wieder in unser Leben lassen wollen. Zugegeben ist das manches Mal nicht ganz einfach. Aber mit Sicherheit ist der Weg dahin der Mühe wert.

Wer oder was verdirbt uns die gute Laune?

Woher kommen die schlechten Gefühle die uns die Laune verderben?

Jedes schlechte Gefühl hat eine Ursache. Manchmal ist sie gleich greifbar, manchmal können wir uns nicht erklären wo sie herkommt.

Es ist sinnvoll ein schlechtes Gefühl zu hinterfragen und nicht einfach nur hinzunehmen.

Fragen Sie sich:

Woher kommt mein schlechtes Gefühl?

Hat es etwas mit mir zu tun oder habe ich es übernommen?

Kann ich es zurückgeben?

Was kann ich ändern?

Wo ist mein wunder Punkt?

Sie werden Antworten finden. Und wenn Sie dann aktiv werden, werden Sie die Wege zur guten Laune finden.

Auf den folgenden Seiten befassen wir uns mit einigen Beispielen.

Sollen wir etwas tun, was uns nicht gefällt, und sind daher innerlich im Widerstand?

Ich hasse Staubsaugen. Dabei beobachte ich bei mir, wie die Laune sinkt, sobald ich daran denke. Weil ich nicht Staub saugen will, tue ich alles Mögliche andere und schiebe die ungeliebte Tätigkeit vor mir her. Mein Verstand sagt mir zwar, dass ich besser gleich saugen sollte um es hinter mir zu haben, aber handeln tue ich anders.

Kennen Sie so etwas von sich?

Inzwischen habe ich mich mit einem kleinen Trick überlistet. Wenn ich mit dem Staubsaugen fertig bin, dann lobe ich mich und bin überschwänglich begeistert über die saubere Wohnung. Ich klatsche in die Hände, strecke die Arme nach oben und rufe: „Sehr gut, sehr gut – yeh!!!" Dieses „sehr gut – yeh" hat sich als ein gutes Gefühl inzwischen mit dem Staubsaugen verbunden und meinen Widerstand überlagert.

Schlaue Leute haben mal gesagt, dass man das lieben soll, was man tut. Das geht in die Richtung – man kann ja auch das Endprodukt lieben!

Übrigens setze ich dieses: „Sehr gut, sehr gut – Yeh!" oft ein, wenn mir etwas gelungen ist oder ich mich über etwas freue. Durch diesen Ausdruck der Begeisterung spürt man die Energie im Körper, im Geist und in der Seele! Probieren Sie es aus!

Sind wir überlastet?

Wenn wir nicht in unserer Kraft sind, dann hat schlechte Laune eine gute Chance uns die Zeit zu verderben. Alleine das Gefühl mit der Arbeit nicht nachzukommen oder nicht so tatkräftig sein zu können, wie man möchte, lässt den Stimmungspegel rapide sinken.

Dabei stellt sich oft die Frage, ob wir uns den Druck selbst machen. Wollen wir perfekt sein? Hinter dem Streben nach Perfektion steht meistens ein mangelndes Selbstwertgefühl. Wir müssen nicht perfekt sein. Wir dürfen Fehler machen und menschlich sein. Der Versuch perfekt zu sein hat seinen Ursprung in unserer Vergangenheit. Wenn wir als Kind viel Kritik erfahren haben, nichts wirklich Recht machen konnten und gerne die wohlwollende Aufmerksamkeit unserer Eltern oder Erzieher gehabt hätten, dann haben wir ganz viel dafür getan, um endlich dieses Ziel zu erreichen. Dieses Kind ist noch immer in uns und handelt heute so wie früher. Nur dass sich die Situation geändert hat, und wir mit unserem erwachsenen Verstand heute anders handeln könnten.

Stellen wir uns doch einmal die Frage: Wem wollen wir gefallen, indem wir mehr tun, als für uns gut ist? Überlastung führt zu Krankheiten. Für wen ist es hilfreich, wenn wir krank sind?

Haben wir dann endlich die Ruhe, die wir gerne hätten?

Wenn der Kopf brummt

Es ist zu viel! Wie soll ich das schaffen? Das schaffe ich nie! Das ist noch zu tun, und jener ist noch zu kontaktieren, und da wartet jemand auf mich, und hier liegt noch etwas, was ich erledigen soll, und das ist auch noch nicht gemacht … Der Kopf brummt. Man hat das Gefühl die Übersicht zu verlieren oder hat sie schon verloren.

Hier ein kleines Ritual:

Schreiben Sie sich zunächst auf, was zu tun ist und was Sie Angst haben zu vergessen. Wenn alles sicher auf dem Papier steht, müssen sich Ihre Gedanken nicht mehr damit beschäftigen. Dann stellen Sie sich möglichst aufrecht hin. Versuchen Sie Ihre aufrechte Haltung noch zu optimieren – größer, länger! Atmen Sie tief ein und lassen mit dem Ausatmen alles, was da im Kopf schwirrt, nicht mehr klar ist und überläuft, über den Körper nach unten fließen. Fühlen Sie wie es abfließt über den Körper, die Beine entlang in den Boden. Nehmen Sie sich einen Moment Zeit darauf zu achten, dass alles Störende Sie in den Boden verlässt. Dann nehmen Sie wahr, wie Ihr Kopf frei wird. Vielleicht gelingt das nicht sofort, dann bitte nochmal fließen lassen! Hin spüren, ob noch etwas Ihr klares Denken stört. Unterstützen Sie immer wieder über Ihre aufrechte Körperhaltung. Was wichtig ist, haben Sie sicher aufgeschrieben, und Sie laufen nicht Gefahr etwas zu vergessen, oder dass etwas verloren geht.

Ihre Gedanken können sich so beruhigen wie ein klares, stilles Wasser.

Liegen Sorgen auf uns oder um uns, die uns beugen oder einschränken?

Zweifellos kann es Situation geben, die uns sehr belasten und die nicht absehbar zu ändern sind. Solche Situationen brauchen viel Kraft. Deshalb sind kleine kraftvolle Übungen in den Alltag verteilt nützlich um wieder zu Kraft zu kommen. Hier eine Übung aus dem Lachyoga die befreiend ist. Lachyoga ist Pantomime. Stellen Sie sich vor, Sie werfen alles, was Sie belastet, vor sich auf den Boden. Das können große Päckchen sein und kleine Päckchen. Alle Dinge, die Ihnen im Nacken sitzen oder dem Rücken Schmerzen bereiten und ihn krumm werden lassen, laden Sie vor sich hin ab. Wenn Sie sich von allen Sorgen „entsorgt" haben, und in Ihrer Vorstellung alles vor Ihnen liegt, dann zeigen Sie mit dem Finger darauf, lachen laut aus, was da liegt, und trampeln dann mit den Füßen alles kurz und klein! Richtig fest trampeln!

Sie werden sich danach befreiter fühlen.

Sind wir in einer beklemmenden Situation, für die wir keine Lösung finden?

Ich gehörte zu den Menschen die immer alles alleine bewältigen wollten. Es hat lange gedauert, bis ich begriff, dass Leben leichter ist, wenn man sich Hilfe holt, und dass es Menschen gibt, die mir gerne helfen wollen. Oftmals genügt schon ein Gespräch mit einem Menschen, der einem wirklich zuhört, und Lösungen zeigen sich auf, während man über das Problem spricht.

Was mir schon als junge Frau geholfen hat, war, dass ich ein paar Wochen, Monate oder

Jahre weiter gedacht habe und mir vorgestellt habe, wie ich die Situation im Rückblick sehe. Natürlich ist in meiner Vorstellung immer alles gut ausgegangen. Wir kennen alle das Thema der selbsterfüllenden Prophezeiung – was ich mir gut vorstellen kann, kann auch gut werden.

Haben ein Wort oder hat ein Satz eine schlechte Erinnerung ausgelöst?

Schlechte Erinnerungen die schlechte Gefühle auslösen nehmen leider ganz schnell ganz viel Raum in uns ein. Wenn das eintrifft, dann bitte sofort den umgekehrten Weg gehen. Holen Sie sich ganz bewusst gute Erinnerungen ins Gedächtnis. Setzen Sie das konsequent und mit ganzem Herzen um, mit allen Sinnen und positiven Gedanken. Nehmen Sie sich notfalls schöne Bilder zu Hilfe oder eine Musik, die unterstützt. Schicken Sie die schlechten Gedanken ganz energisch weg. Achten Sie dabei auf Ihre Körperhaltung! Stehen Sie aufrecht in einer offenen Haltung und geben den schönen und guten Gedanken ganz viel Raum in Ihrem Geist und in Ihrem Körper.

Hat uns eine Nachricht betroffen gemacht?

Ich weiß noch wie das war, als man mir sagte, dass ich Hautkrebs habe. Panik und Angst machten sich in mir breit. Ich war nicht in der Lage etwas „Vernünftiges" zu denken und tat mir entsetzlich leid. Als der erste Schock vorbei war und mein Kopf wieder fähig war zu denken, dachte ich nach und zwar darüber, was ich tun kann um zur Heilung beizutragen. Ich begann mich darauf zu konzentrieren, was Heilung bewirkt. Täglich suchte ich nach Hinweisen, nach Erfahrungsberichten, nach medizinischen Angeboten und nach Alternativen. Zugegeben, das Internet ist voll davon und das Riesenangebot war verwirrend.

Dann begann ich in mich zu fühlen und mich zu fragen, was mir fehlt. Was wollte mir die Irritation meiner Haut sagen? Und während ich mich mit der Frage nach dem Warum beschäftige, „fiel es mir zu": Ich sah im Fernsehen eine Sendung über Humor und erfuhr vom Lachyoga. Mir wurde klar, dass mir mein Lachen abhandengekommen war.

Ich habe mir mein Lachen wieder zurückgeholt und lachend zur Heilung beigetragen.

Nachrichten, die uns betroffen machen, brauchen erst einmal Raum. Sie brauchen Zeit um verstanden zu werden, und alle negativen Gefühle sind dabei zunächst in Ordnung. Es ist gut sich hinzusetzen und in Ruhe darüber nachzudenken. Nicht ablenken, nicht verdrängen, sondern es für sich gewahr werden lassen. Warten bis der Sturm der negativen Gefühle sich legt. Mit Menschen darüber reden, die zuhören können und möglichst wenig „gute Ratschläge" geben. Sich über die Ist-Situation klar werden. Erst dann ist es möglich sinnvoll zu handeln.

Hat uns jemand unfreundlich angesprochen?

Wenn uns jemand anraunzt, seine schlechte Laune bei uns entsorgt, oder es zumindest versucht, dann sollten wir uns immer vor Augen halten, dass es dieser Person gerade schlecht geht. Das ist zwar keine Entschuldigung für unfreundliches Verhalten, aber es erklärt, dass es nichts mit uns zu tun hat. Geschieht das des Öfteren, dann ist es sinnvoll sich zu überlegen, ob wir uns als Opfer anbieten. Es ist hier angebracht klar zu stellen, dass wir uns von Menschen, die ihre Wut, ihren Unmut und ihre schlechte Laune vor sich hertragen, distanzieren dürfen.

Unmut ist übrigens ein interessantes Wort. Unmut drückt mangelnden Mut aus. Sich auf gute Laune zu besinnen und sie bewusst herbeizuführen, hat etwas mit Mut zu tun. In unserer Gesellschaft ist es eher üblich zu jammern und zu klagen als zu lächeln und Optimismus auszustrahlen.

Ich habe einmal das Experiment gemacht morgens um 7:00 Uhr mit der Stadtbahn nach Frankfurt zu fahren, mich ins Abteil zu setzen und zu lachen. Einfach so – ohne Grund – erst leise dann laut. Soweit das möglich war, nahm ich Blickkontakt auf. Aber die meisten Menschen waren hinter Zeitungen verschwunden oder sahen stur vor sich hin oder zum Fenster hinaus, oder sie schliefen. In Frankfurt bin ich dann mit den U- und S-Bahnen kreuz und quer gefahren – lachend. Dabei kam mir viel Ablehnung entgegen. Eine Frau die neben mir saß, floh geradezu vor mir. Ich hatte Mühe so viel Ablehnung zu ertragen und weiterzumachen.

Aber mein Ziel war zum Lachen zu ermutigen. Ich hatte mir vorgenommen erst zurückzufahren, wenn ich Mitlacher hatte. Nach über einer Stunde endlich lachte eine Gruppe von Frauen mit. Erleichtert trat ich den Rückweg an.

Was hatte ich getan? Ich hatte mich nur hingesetzt und vor mich hin gelacht oder gelächelt und machte dabei die Erfahrung, dass ich mit meinem Lachen viele Menschen irritiert habe oder sogar erschreckt.

Auch beim Lachyoga erlebe ich oft Menschen denen das Lachen abhandengekommen ist. Dafür habe ich viel Verständnis. War es mir doch genauso ergangen. Die Erinnerung, wie wir als Kinder grundlos gekichert und gelacht haben, ist bei erschreckend vielen Menschen unter vielen ernsthaften Gedanken und Erlebnissen verschüttet.

Sind wir mit unserem Leben unzufrieden?

Das kommt vor, dass wir unzufrieden sind mit unserem Leben und diese Unzufriedenheit sich in unserer Mimik widerspiegelt. Wie wir schon wissen, entsteht auch über unsere Mimik ein gutes oder ein schlechtes Gefühl. Unzufriedenheit ist oft eine Folge davon, wenn wir nur die Dinge im Auge haben, die uns nicht gefallen. Darin sind wir manchmal so gefangen, dass wir all das Gute, das uns umgibt, nicht mehr sehen können. Das Zauberwort ist hier Dankbarkeit. Wenn wir uns in mürrischer Unzufriedenheit ertappen, dann gilt es sofort – wirklich sofort – auf all das zu schauen, was gut ist in unserem Leben und dafür dankbar zu sein! Egal ob es die großen Dinge sind oder die kleinen – machen Sie sich eine Liste innerlich oder auf Papier und verordnen Sie sich Schuldgefühle, wenn Sie alles Gute in Ihrem Leben wieder vergessen sollten. Alles hat zwei Seiten, und es lohnt sich immer auf beide Seiten zu schauen.

Leben wir in einer unbefriedigenden Partnerschaft?

In einer Partnerschaft auszuharren aus moralischen Gründen empfinde ich nicht als sinnvoll. Man kann nicht immerzu so tun, als sei alles in Ordnung. Die Spannungen werden immer größer und Krankheiten sind vorprogrammiert. Auch für Kinder eine Ehe aufrecht zu erhalten ist schlecht. Kinder haben ein so feines Gespür und fühlen die Zwietracht der Eltern. In diesem Spannungsverhältnis aufzuwachsen ist keine gute Basis für ein Kind und dessen späteres Leben.

Miteinander reden und/oder sich professionelle Hilfe zu holen hilft weiter um entweder miteinander wieder in Harmonie zu kommen oder sich in Freundschaft zu trennen.

Es sollte das Ziel eines jeden Menschen sein dafür zu sorgen, dass es ihm gut geht, aber ohne jemand anderen dazu zu benutzen. Dieser Nachsatz ist ganz wichtig.

Sorgen wir uns um unsere Kinder, die nicht das Lebensmodell leben, das wir für sie erhofft haben?

Ich erlebe es oft, dass sich Eltern sorgen um ihre Kinder, weil diese nicht das Leben führen, das die Eltern für sie als gut und richtig empfinden.

Wir können davon ausgehen, dass Energien Gedanken sind, die etwas bewirken. Wenn ich mich um mein Kind sorge, dann sind das negative Gedanken, und negative Gedanken sind negative Energien. Und diese Energien schicke ich meinem Kind, indem ich sorgenvoll an es denke. Das Schlimme ist dabei, dass die Menschen, die sich sorgen, auch noch glauben gut zu handeln. Ich behaupte, dass „sich sorgen" um ein Kind oder einen nahestehenden Menschen reiner Egoismus ist. Egoismus, weil man Angst hat etwas zu verlieren, entweder einen Ansprechpartner oder Zuwendung in irgendeiner Form oder die Übersicht über deren Leben, oder dass man sogar Einflüsse (Macht) verliert, und das Ganze unter dem Deckmantel der Liebe! Wenn wir lieben, wirklich lieben, dann lassen wir los, haben Vertrauen und geben Freiheit. Nur in Freiheit können Menschen gut gelaunt leben.

Sich Sorgen machen bedeutet auch, dass man das Negative sieht oder fürchtet. Dabei lassen wir meist das Gute, das Positive außer Acht. Wie wäre es umgekehrt? Wie wäre es, wenn wir unser Augenmerk auf das Positive bei all den Menschen richten, denen wir uns nahe fühlen?

Leider hat man über Generationen mit viel Kritik die Kinder erzogen und die Menschen geführt. Immer wieder wurden die Fehler hervorgehoben und ihnen damit ganz viel Beachtung und Energie gegeben. Heute weiß man, dass sich das verstärkt, was wir am meisten beachten. Deshalb ist es sinnvoll das hervorzuheben, was gut ist um den Menschen darin zu bestärken.

Wer selbstsicher ist, macht weitaus weniger Fehler als die, die immerzu kritisiert werden.

Langweilt uns unser Leben? (Auch das kann Stress sein)

In unserem bequemen Sessel zu lümmeln und die Welt vorbeiziehen zu lassen ist nicht erfüllend. Wenn unser Leben keinen Sinn macht, dann hat man viel Zeit über Krankheiten und die Dramaturgie in der Welt nachzudenken. All die Missstände, das Elend und die Gewalt haben dann Platz und Zeit vom Fernsehprogramm in unseren Kopf zu kommen, dort gespeichert zu werden und sich dann in unseren Gefühlen breit zu machen. Wie kann man noch lachen, wenn man die schrecklichen Bilder einprägsam auf dem Bildschirm oder in anderen Medien sieht? Was ist unsere Welt doch so schlecht geworden, höre ich immer wieder. Nein, es stimmt nicht, dass unsere Welt schlechter ist, als sie früher war. Noch niemand hat mir sagen können, wann und wo die gute alte Zeit gewesen sein soll.

Wenn unser Leben sinnvoll ausgefüllt ist, dann haben wir keine Zeit uns über die Missstände aufzuregen die wir nicht ändern können. Wenn jede/jeder im eigenen persönlichen Umfeld für Freude und Frieden sorgt, dann tut man das Beste, was man tun kann. Und wir wissen alle, dass die Freude, die wir geben, zu uns zurück kommt und uns gute Laune macht.

Oder stresst uns unser Leben, weil es zu viel ist?

Was macht uns Stress? Stürmt zu viel auf uns ein? Wollen wir zu viel erreichen? Oder wollen wir überall dabei sein, nichts verpassen?
Fragen Sie sich, was Sie ändern können.
Wo können Sie Abstriche machen?
Was ist wirklich wichtig?
Beschäftigen Sie sich bitte einmal mit der letzten Frage ganz besonders intensiv.
Was ist wirklich wichtig?
Alleine dieser Frage nachzugehen und die Antwort darauf zu finden, verbessert die Laune!

Ist unser Arbeitsplatz so, dass wir ungern hinge-
hen, und alleine das Ankommen schon ganz viel
Kraft braucht?

Wenn wir davon ausgehen, dass wir täglich mindestens acht Stunden, aber oft noch länger, an unserem Arbeitsplatz sind oder uns mit dem Thema unserer Arbeit beschäftigen, dann wird klar, wie wichtig es ist, dass wir uns da wohl fühlen. Nicht nur die Arbeit, sondern auch das Umfeld muss sich gut anfühlen. Natürlich gibt es bei jeder Arbeit auch Bereiche die wir nicht sehr lieben. Aber die sollten nur einen geringen Teil ausmachen.

Es ist bekannt, dass ein ungeliebter Arbeitsplatz, eine Arbeit die uns unterfordert oder überfordert, die uns wütend oder gar Angst macht zu Krankheiten führt. Zuvor aber ist man schlecht gelaunt! Diesen ersten Vorboten sollte man sehr ernst nehmen. Es gibt nicht einfach die schlechte Laune. Sie hat immer einen Grund.

Werden Sie sich über alles bewusst, was Sie an Ihrem Arbeitsplatz stört, und stellen sich dann in allen Details die Arbeit und auch die Umgebung vor, die Sie wollen. Wenn dieses neue Bild in Ihrem Kopf ist, dann handeln Sie und suchen nach neuen Möglichkeiten.

Ist unser Konto angeschlagen, und wir haben Geldsorgen?

Ich kann Ihnen nicht sagen, wie Sie Ihr Konto aufbessern können, aber ich habe eine Frage an Sie: Wenn Sie der Kontostand missmutig macht, ändert das etwas an den roten Zahlen? Nein! Es geht Ihnen nur schlecht, und Sie fühlen sich so desolat wie Ihr Konto.

Mein Tipp: Ignorieren Sie die unschönen Zahlen auf Ihrem Konto und probieren Sie einen oder mehrere der vielen Tipps für gute Laune aus! Ihr Kontostand verbessert sich nicht, aber Ihr Gefühl und damit Ihre Lebensqualität verbessern sich.

Gute Laune ist die Basis für unsere Gesundheit! Diesen Satz kann man sich nicht oft genug vor Augen halten. Und einen gut gelaunten Menschen mag man gerne um sich haben!

Hat man uns die Begeisterung genommen?

Kennen Sie das? Sie haben eine Idee, ein neues Lebensziel, es gibt eine Aufgabe oder eine Herausforderung, die Sie begeistert, und Sie berichten in schillernden Farben und voller Freude darüber. Sie sprühen voller Energie, haben Schwung und fühlen sich mutig. Und dann kommt jemand mit 1000 Einwänden und macht mit einem Schlag alles zunichte! Alle Zuversicht und Freude ist dahin. Die Begeisterung ist geplatzt wie eine Seifenblase die gerade noch so schön war, und die Laune ist im Keller.

Bevor Sie jetzt all die Einwände für sich übernehmen, schauen Sie sich bitte einmal die Person genau an, die Ihnen gerade Ihren Turm der Begeisterung zerstört hat. Meint sie es wirklich gut mit Ihnen? Oder will diese Person Sie gerne klein halten um sich selbst neben Ihnen gut zu fühlen? Vielleicht ist diese Person aber auch so entmutigt, dass sie wirklich nicht mehr daran glaubt, dass man etwas bewegen kann. Das ist traurig — dann braucht sie Ihr Mitgefühl, aber auf keinen Fall Ihre Zustimmung.

Nehmen Sie Ihre Begeisterung wieder auf und all die damit verbundenen Gedanken und Ideen.

Erinnern Sie sich an das: „Sehr gut, seht gut — yeh!" Das ist jetzt angebracht und sollte Ihr Begleiter sein auf dem Weg zur Umsetzung Ihres Zieles.

Die schlechte Laune als Freund

Wenn wir die schlechte Laune als einen Freund verstehen der uns auf Missstände hinweisen will, die uns, wenn wir sie über längere Zeit ertragen,

Krankheiten bescheren können, dann dürfen wir mit gutem Gewissen auch einmal schlecht gelaunt sein. Mit guten Freunden trifft man sich und tauscht sich mit ihnen aus. Genauso rate ich Ihnen mit der schlechten Laune umzugehen. Nehmen Sie sie bewusst wahr, setzen Sie sich mit ihr auseinander. So erkennen Sie, was die schlechte Laune Ihnen zeigen oder sagen will, und dann handeln Sie!

Schlechte Laune hat ihre Ursache in negativem Denken und Fühlen. Halten Sie dagegen indem Sie auf das schauen, was gut ist! Es ist oft nur eine Frage des Blickwinkels!

Was bewirkt gute Laune für uns und für all die anderen um uns herum?

Es geht hierbei nicht nur um Lebensqualität, sondern gute Laune ist die Basis für die Gesundheit. Wenn wir uns gut fühlen, dann können sich unsere Zellen gesund entwickeln. Unser Körper aus besteht aus 5 Trillionen Zellen. Etwa 1 Milliarde Zellen davon sind immer im Umbau. In jeder Sekunde entstehen ca. 230 000 neue Zellen!

Können Sie erkennen, wie wertvoll gute Laune ist?

Stellen Sie sich einmal vor, ein gut gelaunter Mensch ist wie ein Tropfen, der auf die Wasseroberfläche eines klaren Sees fällt. Dadurch entstehen ganz viele Kreise, immer größere Kreise. Und so wie dieser Tropfen das Wasser bewegt, bewegt die gute Laune das Umfeld eines Menschen. Das ist natürlich auch so, wenn jemand mürrisch, abweisend, aggressiv und unfreundlich ist! Jedes Gefühl, das ich aussende, zieht Kreise um mich. Ob ich will oder nicht, ich gebe diese Gefühle nach außen ab. Die Menschen um uns sind im Bannkreis unserer Gefühle, aber auch wir sind in den Kreisen der anderen Menschen in unserer Nähe. Sicher haben Sie es schon erlebt, dass Sie jemanden getroffen haben, der oder die in irgend einer Weise Ihre Laune verändert hat, Sie betroffen machte, Sie wütend machte, oder Sie plötzlich erheitert waren.

Wie schön wäre es doch, wenn wir ganz viele Mitmenschen mit guter Laune um uns herum hätten!

Wie können wir gute Laune in unser Leben holen?

Es gibt viele Möglichkeiten die gute Laune bewusst einzuladen. Ich habe inzwischen einen reichen Erfahrungsschatz an dem ich Sie gerne teilhaben lassen will. Alles, über das ich hier berichte, ist von mir erprobt. Manches praktiziere ich gelegentlich, anderes sogar häufig. Vielleicht fühlen Sie sich bei der einen oder anderen Anregung angesprochen, dann wünsche ich Ihnen viel Spaß bei der Umsetzung und natürlich nachhaltig gute Laune.

Und ich will hier noch einmal auf das Grinsen hinweisen, das ich eingangs schon beschrieben habe. Es ist so hilfreich, dass ich es gerne wiederhole.

Körperhaltung

Wir schon eingangs erwähnt, hat unsere Körperhaltung viel mit unserem Lebensgefühl zu tun, und es ist einfacher unsere Haltung zu verändern um in ein besseres Gefühl zu kommen, als unser Gefühl zu ändern um in eine bessere Haltung zu kommen.

Es ist sehr hilfreich sich zum Beispiel aufzurichten und mit einem Urlaut (der Ihnen überlassen bleibt) mit den Fäusten auf die Thymusdrüse zu klopfen.

Wenn der Rücken weh tut, und man krumm geht, dann bitte mal mit Dehnübungen versuchen, um wieder gerade zu werden. Ich habe seit 50 Jahren Rückenschmerzen und es hilft mir oft mich zu dehnen oder zu strecken, um wieder gerade und sogar schmerzfrei zu werden. Fragen Sie einen Physiotherapeuten danach. Da können Sie wertvolle Tipps bekommen.

Im Lachyoga gibt es die Mutmacherübung. Dabei steht man zunächst mit gebeugtem Rücken und lässt die Schultern hängen. Das Gesicht ist ernsthaft, ja fast mürrisch oder ärgerlich. Dann geben wir uns einen Ruck, nehmen die Arme hoch, richten uns auf soweit es geht, lassen die Arme ganz lang werden und grinsen! Diese Übung ein paarmal wiederholen oder eine Weile in der Siegerposition verharren! Sie werden spüren wie es hilft wieder gut gelaunt zu sein.

Wenn ich längere Zeit am Computer gesessen habe, dann habe ich regelmäßig Rückenschmerzen, und manchmal brummt auch der Kopf. Dann mache ich gerne die „Bärenübung": Ich lehne mich mit dem Rücken an eine Wand oder Tür, stelle mir vor, ich sei eine großer brauner Bär, der auf den Hinterfüßen an einem Baum lehnt, lasse die Hüfte schwingen und reibe genüsslich den Rücken an der glatten Fläche. Dabei kann man wunderbar ein von Herzen kommendes „ha-ha-ha" lachen. Der Rücken wird wieder beweglich und der Kopf frei.

Wie viele alte Menschen hat das Leben gebeugt. Ich bin sicher, dass, hätten sie gewusst wie hilfreich es ist, sich immer wieder aufzurichten, ganz bewusst sich groß zu machen, sie hätten es getan und könnten heute noch aufrechter gehen.

Groß zu machen bedeutet auch sich selbst Achtung zu schenken. Menschen, die sich ihrer selbst bewusst sind, haben einen aufrechten Gang. Wer sich selbst klein macht, sackt in sich zusammen. Um die eigene Größe wahr zu nehmen und zu leben ist es sinnvoll, das auch in der Körperhaltung zu demonstrieren.

Gedanken- und Sprachhygiene

Schlechte Gedanken machen schlechte Gefühle und schlechte Gefühle können schlechte Gedanken bewirken. Deshalb ist es wichtig auf unsere Gedanken zu achten. Ist Ihnen schon einmal aufgefallen wie viele „Nichtformulierungen" wir im Sprachgebrauch haben?

Unser Unterbewusstsein kennt keine Verneinung. Streichen wir also das verneinende Wort aus dem Satz, dann ergibt das den Sinn der verstanden wird.

Hier einmal ein paar Beispiele die ich häufig höre, wie sie verstanden werden und wie es richtig ist.

Das Essen ist **nicht** schlecht. Das Essen ist … schlecht. - Das Essen ist gut!

Kein Problem! … Problem! - Es ist in Ordnung!

Ich will **nicht** werden wie meine Mutter/Vater!

Ich will … werden wie meine Mutter/Vater!

Wie will man denn werden, mit welchem Vorbild? Ich will werden wie…!

Ich will **nicht** krank werden! Ich will … krank werden! - Ich will gesund bleiben!

Du darfst mich **nicht** belügen! Du darfst mich … belügen! - Du sollst mir immer die Wahrheit sagen.

Das will ich **nicht** vergessen – und schwupp, schon ist es aus dem Gedächtnis, denn vergessen war die Aufforderung!

Bei diesen „Nichtformulierungen" haben wir den Focus auf dem Negativen. Wir benennen was wir nicht wollen. Wie wäre es konsequent zu überdenken was wir wollen und das dann auch auszusprechen?

Es gibt Tage, da fühlt man sich nicht wohl. (Ich benutze jetzt absichtlich das *nicht*, weil das Wort *wohl* positive Gefühle wecken kann.) An solchen Tagen sieht man alles Schlechte, man bedauert sich und leidet mit der Welt. Die Gedankenspirale dreht sich im Negativmodus und zieht immer

tiefer in den Sumpf von Traurigkeit und Kata-
strophen.

Stoppen Sie diesen Prozess! Stoppen Sie ihn
ganz energisch. Sie retten weder sich noch die
Welt indem Sie Ihre Energie da hingeben, wo sich
die Verzweiflung ausbreitet. Lassen Sie Ihre
Energie gedanklich dahin fließen, wo es Lösungen gibt für Sie und die Welt. Konzentrieren Sie
sich darauf helfend und unterstützend aktiv zu
sein und zu handeln. Dazu braucht es aber Mut,
Zuversicht, Kraft und Begeisterung für das, was
man tut. Im Negativmodus sehen wir nur das
Schlechte. Nur das Schlechte zu sehen kostet
sehr viel Kraft, die verloren geht. Wie sollen wir
kraftlos Gutes bewirken können? Gutes kann nur
mit kraftvollen guten Gedanken entstehen.

Zunächst ist es wichtig auf all das zu schauen,
was gut ist um uns herum und in der Welt. Wenn
wir bewusst nach dem Guten suchen, dann finden wir es auch. Je mehr sich unser Focus auf die
schönen Dinge richtet, umso mehr können wir
entdecken.

Indem unsere Gedanken sich mit Optimismus,
Lösungen und schönen Dingen befassen, fühlen
wir uns automatisch besser oder gar gut. (Ich
erinnere daran, dass gute Gefühle die Basis für
die Gesundheit sind.) Wir verbreiten in unserem
Umfeld eine angenehme Energie und ermutigen
andere alleine durch unsere Ausstrahlung zu po-

sitiven Gedanken ohne es aussprechen zu müssen. Das ist Nährboden für gute Laune!

Es gibt ein Wort dem wir in unseren Gedanken nur einen winzigen Raum geben sollten und das ist das Wort „muss". Bitte achten Sie einmal drauf wie selten dieses Wort wirklich berechtigt ist und wie oft es gebraucht wird um Druck, Hektik, Stress, Selbstabwertung und Machtmissbrauch zu bewirken. Ein wahrhaft negativ belegtes Wort, das wir nur sehr bedacht benutzen sollten.

Und wenn wir weiter so beobachtend durch unsere Gedanken gehen, dann fallen uns wütende Schuldzuweisungen, Ängste und Befürchtungen, Sorgen, Selbstzweifel, schlechte Bewertungen und so manches Negative mehr auf, was da herumschwirrt und uns an der guten Laune hindert. Gedanken die einfach da sind, die wir übernommen haben, die aus Erlebtem herrühren, nach denen wir leben oft ohne sie zu hinterfragen.

Jedes Wort hat eine Energie! Welche Energien wollen wir leben? Welchen Worten Raum geben und welche verbannen?

Hier aufzuräumen, zu ordnen, zu sortieren und zu entsorgen von allem überflüssigen Gedankenmüll ist sehr sinnvoll!

Das geht natürlich nicht von heute auf morgen. Immer wiederkehrende negative Gedanken, die wir loswerden wollen, müssen positiv verwandelt werden. Die Ausdrucksweise soll positiv sein, es muss benannt sein was man will, in der Gegenwartsform formuliert und möglichst mit kraftvollen und anschaulichen Worten. Wie bei allem macht die Übung auch hier den Meister. Was wirklich verändert werden soll, muss täglich mit der neuen Energie in unsere Gedanken Einzug finden.

Dabei ist es eine Erfahrung, dass mindestens einundzwanzig fortlaufende Tage lang eine intensive Übung vonnöten ist, um die Änderung zu bewirken. Leider vergessen wir allzu oft in der Alltagsroutine, was wir uns gerade vorgenommen hatten. Deshalb ein Tipp: Schreiben Sie sich eine Notiz in die Handfläche, die Sie an das erinnern soll was Sie verändern wollen, oder noch besser, wie es anders sein soll. Aus meiner Erfahrung funktioniert eine tägliche Erinnerung auf diese Weise gut.

Es ist sehr wichtig dies einundzwanzig Tage in Folge zu beachten. Wenn wir mogeln und einen Tag auslassen, müssen wir von vorne beginnen!

Von Tönen verführen lassen

Zu richtig guter Laune verhelfen kann uns Musik, und dazu gibt es nicht viel zu sagen, die sollte man einfach hören. Die Vielfalt an Musik ist so groß, dass jede/jeder etwas für sich finden kann, zu jeder Stimmung passend, die gerade angesagt ist. Da hier das Thema gute Laune ist, spreche ich besonders die Musik an, die gute Laune macht. Das ist eine sehr persönliche Auswahl, die da jede/jeder für sich trifft. Und weil die guten Dinge manchmal so selbstverständlich sind, werden sie mitunter vergessen in ihrer Wirksamkeit.

Deshalb, wenn die miese Laune Sie beschleicht, dann trällern Sie ein Lied und lassen Sie sich von Ihrem Lieblingssänger oder Ihrer Lieblingsmelodie begleiten!

Wie wäre es mit einem Tänzchen dazu? Das geht auch ganz alleine. Oder auch nur ein Wiegen zu den Tönen? Physiker sagen, dass alles Schwingung ist. Lassen Sie sich tragen in eine gute Schwingung und fühlen sich wohl dabei!

Schöne und inspirierende innere Bilder

Wir leben nach inneren Bildern. Davon haben wir ganz viele im Kopf. Sind unsere inneren Bilder vorwiegend schön, dann geht es uns gut. Sind sie vorwiegend schlecht, dann kann es uns schlecht gehen. Das ist ein ganz schlichtes Barometer. Jedes unserer Bilder ist mit einem Gefühl verbunden. Zu 95 % Prozent agieren und leben wir aus dem Unbewussten. Nur magere 5 % sind von unserem Bewusstsein gesteuert. Innere Bilder entstehen durch Erinnerungen, Erfahrungen, Erlebnisse und Überlieferungen. Dabei müssen es nicht eigene Erlebnisse sein, die uns mit einem Bild verbinden, sondern es können auch Erzählungen sein oder Träume, die wir mit einem Bild verflechten, denn unser Verstand unterscheidet nicht, ob wir diese Bilder erlebt oder gesehen haben, oder ob wir sie erträumen.

Und das ist unsere Chance! Wenn wir uns nach Herzenslust wunderschöne Träume ausmalen in Gedanken oder noch besser auf Papier und diese Bilder dann mit Gefühlen beleben, dann haben wir die Chance, dass sie wahr werden! Je mehr wir dabei ins Detail gehen, je mehr Gefühl und Zeit wir dabei investieren, umso mehr hat unser Traum die Aussicht auf Verwirklichung.

Das klingt jetzt ganz einfach. Es ist auch so einfach. Das Problem dabei ist, dass die Menschen lieber in ihrer alten Vertrautheit bleiben (ganz unbewusst) und meist nicht die Geduld aufbringen, die Disziplin, die Konsequenz und den Glauben daran, dass es funktioniert. Jeder hat da so seine eigenen Sabotageprogramme, die hindern und behindern, und den Weg zum Wunschtraum damit nicht zu Ende gehen. Aber – selbst wenn sich der Traum nicht erfüllt – alleine die Gestaltung eines Traumes macht doch schon gute Laune! Sich damit zu befassen, was man sich wünscht, was man gerne in das eigene Leben holen möchte, was man erleben will, löst ein gutes Gefühl aus.

Machen Sie sich doch einmal lächelnd ans Werk, nehmen einen Stapel bunter Zeitschriften und einen großen Bogen Papier in Ihrer Lieblingsfarbe. Lassen Sie sich inspirieren von den Bildern in den Zeitschriften. Schneiden Sie heraus was Ihnen gefällt und in Ihr Wunschprogramm passt. Kleben Sie die Bilder auf, die Sie am meisten berühren und gestalten ein Bild Ihrer Zukunft in bunten Farben. Gestalte Sie großartig und kraftvoll. Vermeiden Sie Einschränkungen oder Zurückhaltung. Lassen Sie Ihren Traum in den schönsten Farben und Bildern erstrahlen! Lächeln Sie dabei, und die gute Laune ist bei Ihnen! Mit Träumen beginnt die Realität!

Liebevolle Selbstzuwendung

„Liebe dich so, wie du geliebt werden willst!"
Diesen Satz habe ich vor vielen Jahren einmal
geprägt. Lieben Sie sich? Und wenn ja, wie sieht
das aus? Wenn nein, dann warum nicht? Ich bin
groß geworden mit dem Satz: „Wer etwas für
sich tut ist egoistisch, und Egoismus ist schlecht."
Also, wenn ich etwas für mich tue, bin ich
schlecht. Das war meine Schlussfolgerung und
nach der habe ich viele Jahre gelebt. Irgendwann
bin ich dabei auf der Strecke geblieben. Es war
mühsam neue Werte zu finden, und mich wohlwollend betrachten zu lernen war eine große
Herausforderung. Ich habe die psychologischen
Erkenntnisse von Alfred Adler erlernt, und der
soll sinngemäß einmal gesagt haben: Die Prob-
lematik der Menschheit liegt im mangelnden
Selbstwertgefühl. Seit ich mich damit befasse,
sehe ich diesen Satz von ihm immer wieder be-
stätigt.

Es ist für viele eine schwere Übung, sich liebe-
voll mit ermutigenden Worten im Spiegel anzu-
schauen oder sich gar noch selbst in den Arm zu
nehmen.

Die meisten sind sehr gut im Kritik üben an sich
selbst (und an anderen). Das haben wir gelernt
und das können wir. Lob kam bei vielen Men-

schen im Leben zu kurz. Ermutigung ist für manchen Menschen ein Fremdwort.

Mit Ermutigung meine ich, dass man erlebt hat angenommen zu werden, so wie man ist mit all den Fehlern, die menschlich sind. Dass man, alleine weil man ist, willkommen, respektiert und anerkannt wird.

Hinter Lob steht immer eine Erwartungshaltung. Man hat eine Anerkennung bekommen für eine Leistung, für etwas was man getan hat.

Wir brauchen beides im Leben um ein ausgeglichenes Selbstwertgefühl zu haben – das Lob für die Leistung und die Ermutigung zu uns selbst.

Wenn Sie gar zu sehr an sich zweifeln, dann überdenken Sie doch einmal Ihr Leben und loben sich selbst für all Ihre Leistungen. Am besten Sie schreiben alles auf, dass Sie die Fülle erkennen können. Und dann stellen Sie sich vor, dass Sie Ihr bester Freund oder Ihre beste Freundin sind, versuchen sich in dessen oder deren Sichtweise zu versetzen und betrachten sich aus dieser Perspektive. Warum mag man Sie? Was finden Ihre Freunde besonders gut an Ihnen?

Seien Sie dabei aber vorsichtig mit Eigenschaften wie *hilfsbereit*. Das ist eine zweifellos gute Eigenschaft, die aber, wenn man nicht aufpasst, überstrapaziert werden kann.

Gute Eigenschaften sind nur so lange gut, wie sie sich auch für uns gut anfühlen.

Eine schöne Übung ist, sich selbst einen Brief zu schreiben so, als würde man an einen guten Freund oder eine gute Freundin schreiben. Achten Sie sehr darauf, dass dieser Brief nur wohlwollende und liebevolle Worte enthält. Denken und schreiben Sie in Zuneigung zu Ihrer eigenen Person. Stecken Sie den Brief in einen Umschlag und in den Postkasten, mit Adresse und frankiert natürlich, dass er auch bei Ihnen ankommt. Vielleicht berühren Sie Ihre eigenen Zeilen, wenn Sie den Brief wieder in den Händen halten. Vielleicht löst er auch gleich gute Laune aus!

Die Königsdisziplin zu einem stabilen Selbstwertgefühl ist die liebevolle Selbstzuwendung.

Ich bin einmal gefragt worden, ob wertschätzende Selbstzuwendung nicht zu Überheblichkeit führen würde. Dazu möchte ich sagen, überhebliche Menschen haben kein Selbstwertgefühl. Sie müssen sich über andere erheben um vor sich bestehen zu können. Selbstbewusste Menschen sind ausgeglichen und müssen niemanden manipulieren.

Und denken Sie immer daran: Sie sind der wichtigste Mensch in Ihrem Leben!

In Zuneigung denken kann man auch mit anderen üben. Uns umgibt immer eine Energie die die spüren, mit denen wir zusammentreffen. Sind wir gerade wütend, dann bekommt der/die andere unsere Wut zu spüren, auch wenn wir das gar nicht wollen. Sind wir gut gelaunt, dann stecken wir unser Gegenüber damit an. Wenn uns Begegnungen wichtig sind, dann können wir uns darauf vorbereiten, indem wir uns zuvor schon ganz bewusst in ein gutes Gefühl begeben. Wenn wir beispielsweise eine liebe Freundin treffen, dann können wir zuvor an ein schönes gemeinsames Erlebnis denken. Dadurch hebt sich unsere Laune. Es geht uns damit gut und durch unsere Ausstrahlung dann auch der Freundin, und unser ganzes Treffen läuft harmonisch ab.

Wenn wir uns selbst akzeptieren und mögen, wie wir sind, dann können wir auch leichter mit Niederlagen oder Verletzungen umgehen.

In meinem Buch „Eva und der irische Seefahrer" beschreibe ich, wie Eva, obwohl sie betrogen worden war, in der Situation den Blick auf das Positive behalten konnte.

Wohlige Entspannung

Es ist kein Geheimnis, dass ein entspannter Mensch sich wohl fühlt. Wenn wir Angst haben und/oder belastet sind, spannen wir unsere Muskeln an. Durch an- oder verspannte Muskeln verschiebt sich das Körpergefüge. Dadurch bekommen wir Schmerzen und Unwohlsein verschiedenster Art. So ist Entspannung nicht nur eine *gute Stunde*. Entspannung geübt, kann Krankheiten vorbeugen, die Seele beruhigen, Schmerzen beheben und somit gute Laune zulassen.

Es gibt viele Entspannungsverfahren. Nicht jede liegt jedem. Finden Sie selbst heraus, was Ihnen gut tut, wobei Sie sich wohl fühlen, was Sie umsetzen können, und wo es Sie hinzieht.

Entspannen Sie sich durch Schnupperstunden und verweilen da, wo Sie die Ruhe finden, die Sie für sich suchen. Gönnen Sie Ihrem Körper, Ihrem Geist und Ihrer Seele die Erholung in der Hängematte!

Meditation

Lange Zeit konnte ich mit Meditation nichts anfangen. Ich glaubte, dass meditieren eine zu große Anforderung an mich, meine Konzentration und meine Geduld sei. In meiner Wahrnehmung klang es wie etwas Fremdländisches und unerreichbar. Schon über die Vorgabe längere Zeit aufrecht zu sitzen bin ich gestolpert, weil mir dabei oft der Rücken weh tut und dieser Schmerz mich leider nicht zur gewünschten Ruhe kommen lässt. Inzwischen habe ich die vielfältigen Möglichkeiten der Meditation für mich entdeckt und nutze sie um in ein schönes Gefühl zu kommen.

Wenn wir einfach das Wort in seiner Begrifflichkeit aus dem Lateinischen nehmen *meditatio = nachdenken, nachsinnen, überlegen,* dann kann man das in jeder Situation und Körperhaltung tun. Es tut mir gut, wenn ich eine Pause mache, mich hinsetze und zwar so, dass ich schmerzfrei bin, und einfach nur auf meinen Atem achte. Es kann auch sein, dass ich ein Wort wie *Ruhe* oder *Wärme* denke und es mir immer wieder zurückhole, wenn die Gedanken abschweifen. Während ich an diesem Manuskript schrieb konzentrierte ich mich oft auf die Worte *gute Laune.* Dabei erlebe ich immer wieder, wie erstaunlich schnell ich ganz bei mir sein kann, und wie wohltuend das ist, entweder einfach nur beruhigend oder inspirierend. Manchmal springe ich nach fünf Minuten wieder auf mit einem Kopf voller Ideen, ohne dass das so meine Absicht war. Es war einfach geschehen, weil mein Kopf zur Ruhe gekommen war.

Zu anderer Zeit lasse ich dieses in mich Versinken andauern. Es kann auch sein, dass ich mit einem Bild in die innere Ruhe gehe, das Bild einer Vision oder ein Bild, das mich Liebe fühlen lässt. Das kann dann schon mal bis zu dreißig Minuten sein. Sollte ich dabei wirklich einschlafen, dann ist das auch in Ordnung. Aber in der Regel bin ich danach sehr wach und gut gelaunt.

Daneben gibt es auch noch die geführten Meditationen mit vielfältigen Texten. Da gilt es für sich herauszufinden, was man mag, welche Stimme einem liegt und welche Texte einen ganz persönlich ansprechen und gut tun.

Nach wie vor bewundere ich Menschen, die lange Zeit in gerader Haltung ausharren können, in der Gedankenlosigkeit und in sich vertieft. Aber ich muss es nicht mehr für mich erreichen wollen. Ich darf mich mit gutem Gewissen mit der kleinen Variante begnügen und mich über die kleinen persönlichen Erfolge damit gut gelaunt freuen.

Nahrung die gute Laune macht?

Essen sollte den Augen, der Zunge, dem Magen und dem ganzen Körper gute Laune machen.

Ich bin keine Ernährungsexpertin, aber wenn ich von den verschiedenen Experten lese oder höre was man essen oder nicht essen darf, ja was sogar tödlich ist, dann muss ich zwangsläufig gestehen: Ja – essen tötet. Alle, die gegessen haben, sind gestorben!

Woher jetzt noch die Motivation nehmen zu essen?

Das geht doch nur, wenn das Essen Spaß und gute Laune macht!

Wenn es schmeckt und Genuss bereitet!

Wie schrecklich am Marterpfahl des schlechten Gewissens zu stehen, während einem das Wasser im Mund zusammen läuft, man kaum in der Lage ist zu sprechen vor lauter Appetitwasser im Mund, und eine fette, dunkel gegrillte Bratwurst zum Greifen nah ist – doch durch den erhobenen Zeigefinger der Mahnung „das ist ungesund" unerreichbar! Das empfinde ich als eine Art von Folter!

Es gibt Erkenntnisse, dass Tomaten das Gemüt freundlich beeinflussen oder Dinkelsprossen (Vitamin B) gute Laune machen (das habe ich selbst für mich herausgefunden, also habe ich Rezepte kreiert, die diese Sprossen lecker machen, und ich mit Freude und Genuss die Sprossen verzehre.) Wenn Sie ohnehin schon gerne Tomaten gegessen haben, dann ist diese Vorliebe auf ihrer Skala mit diesem Wissen vielleicht noch eine Stufe weiter nach oben geklettert.

Wer einen Smoothie zum Frühstück mag, dem sei er gegönnt mit all seinen guten Eigenschaften. Wenn ich ihn aber nicht mag, warum soll ich mich damit zwingen? Bei so einem Zwang vergeht die gute Laune doch sofort. Mir macht zum

Beispiel ein Musbrötchen gute Laune und ich esse es mit Genuss, auch wenn mir Leute weißmachen wollen, dass der Weizen, der da sicher enthalten ist, tödlich für mich sein kann. Diesen Weizen habe ich jetzt 71 Jahren überlebt!

Zugegeben – ich koche die Marmelade selbst, weil ich da am Zucker sparen kann und weiß was drin ist. Auch gibt es immer andere Brötchen.

Abwechslung ist gut, und achtsam zu sein auf das, was man isst, ist sicher angebracht.

Ich halte mich an den Satz: Informiere dich gut über das, was an Ernährung angeboten wird, und iss dann, was dir schmeckt - aber lass dir nicht den Appetit und die Lust am Essen nehmen.

Es gibt so unendlich viele köstliche Dinge zu essen, die gute Laune machen und gesund sind.

Es lohnt sich, sich damit zu befassen und dann nach Lust und Laune zu essen.

Viele wissenschaftliche Studien wollen etwas belegen, und dabei vertreten oft die einen zu einem Produkt eine große positive Entdeckung für das Wohlgefühl der Menschheit, und die anderen verwerfen das gleiche Produkt als schädlich. Wem soll man glauben?

Interessant ist zum Beispiel, dass die einen auf Rohkost stehen, daraus ein Lebensmodell machen und sich damit gut fühlen. Bei anderen ruft diese Kost nur Blähungen und Ablehnung hervor, und sie bevorzugen Gekochtes und fühlen sich damit wohl. All das beweist doch, dass wir einzigartige Individuen sind, die sich auch einzigartig ernähren dürfen und in ihrer Einzigartigkeit einzig für sich entscheiden sollten, was gut für sie ist. Wichtig ist sich beim Essen und nach dem Essen wohl zu fühlen, sich überhaupt mit dem, was man isst, rundum wohl zu fühlen – der Körper, der Geist und die Seele. Wenn das nicht gegeben ist, dann ist es sicher angebracht nachzuforschen, woran das liegt, und wie man zu einem Wohlgefühl gelangt.

Wenn ich abends keine Kohlehydrate esse um etwas für meine Figur zu tun (?), dann träume ich nachts von üppigen Kuchenbuffets. Könnte es sein, dass mein Körper im Traum nach den Kohlehydraten lechzt?

Die Menschen haben verschiedene Biorhythmen. Die einen sind Morgenmenschen, die Lerchen, die anderen eher Nachtmenschen, die Eulen. Ist es da nicht ganz logisch, dass es alleine dadurch bedingt verschiedene Ernährungsanforderungen des Körpers gibt? Der alte Spruch: Frühstücken wie ein Kaiser, Mittagessen wie ein König und Abendessen wie ein Bettelmann ist jedenfalls längst überholt. Es sollte immer gelten achtsam den Körper und die eigenen Gefühle wahrzunehmen und dann in der Achtsamkeit die Nahrung zu sich zu nehmen.

Wasser – nicht nur ein köstliches Getränk

Wasser kann auf verschiedene Weise beglückend sein und gute Laune auslösen.

Denken wir an ein warmes Bad mit duftendem Schaum. Das belebt die Sinne und den Körper.

Aber auch schon eine warme Dusche kann sehr wohltuend sein. An heißen Tagen im Sommer ist es das kühle Wasser, das Abkühlung bringt. Unter dem prickelnden Wasserstrahl kann man sich vorstellen, wie alles abfließt, was man gerne loswerden will, und man hüllt sich geradezu befreit anschließend in das Handtuch.

Oder stellen Sie sich einmal vor, dass da aus der Brause Lachwasser über ihren Körper läuft und Sie zum Schmunzeln bringt! ☺

Und wie wäre die Vorstellung, dass es zart rosa gefärbtes Liebeswasser sei, das uns in Gedanken an einen geliebten Menschen dahinschmelzen lässt!

Wer gerne ins Wasser eintaucht, für den macht ein Schwimmbad oder im Sommer ein See gute Laune. Wie wohltuend und entspannend kann ein warmes Bad sein. Schöne Erinnerungen an einen Freizeitpark, eine Ruderpartie, Urlaubserinnerungen von Ferientagen am Meer lassen gute Gefühle aufsteigen.

Vielleicht ist es Ihnen möglich an einem Bach entlang zu wandern oder sich unter einen Wasserfall zu stellen?

All das können beglückende Momente sein, die im Erleben gute Laune machen und dann in der Erinnerung.

Und nicht zuletzt das klare Glas Wasser, das unseren Durst löscht! Das so gut tut, wenn es die Kehle hinunterläuft, egal ob mit oder ohne Kohlensäure – auch hier ganz wie es gefällt.

Sport - Bewegung – Emotion

Dass Sport gesund ist, hat sich inzwischen herumgesprochen. Und vielleicht geht es Ihnen so wie mir, dass ich ständig ein schlechtes Gewissen glaube haben zu müssen, weil ich nicht täglich ein Sportprogramm absolviere. Ich weiß, dass ein täglicher Spaziergang mir sehr gut tut. Aber mir fehlte oft die Motivation. Die Bewegung alleine beim Gehen genügte mir nicht. Ich langweile mich. So kam ich auf meine Motivationsspaziergänge. Das bedeutet, dass ich beschließe einen Ruhespaziergang, einen meditativen Spaziergang, einen Dankbarkeitsspaziergang, einen inspirierenden Spaziergang oder einen Begeisterungsspaziergang zu machen. Oder ich beschließe „eine Freundin am Telefon" mitzunehmen und telefoniere mit ihr beim Laufen.

Jeder ist Mensch ist anders. Vielleicht empfinden Sie meine Motivationsspaziergänge albern oder einfach als Unsinn. Für mich ist das jeweilige Thema ein Ansporn und macht mir gute Laune. Wie gut, dass wir so verschieden sind!

Eines ist sicher, wenn wir uns in der Bewegung austoben konnten, den Körper spüren, an (nicht über!) die Grenzen gehen, dann fördert das einen guten Schlaf. Ausgeschlafen sein macht gute Laune.

Übrigens, bevor ich morgens aus dem Bett steige, stelle ich mir immer vor, ich sei ein Glückskäfer, liege auf dem Rücken, strample mit den Beinen und lache laut. Wenn ich dann aus dem Bett rolle, ist mein Rücken gerade, die Knie sind geschmiert und die gute Laune strahlt mir schon aus dem Gesicht!

Einen Hund zu haben ist wunderbar. Der macht nicht nur den wohltuenden Spaziergang zur Pflicht, sondern ist auch Weggefährte, Ansprechpartner und lässt den Menschen Emotionen leben.

Eine schnurrende Katze ist der Innbegriff des Wohlfühlens, und egal welches Haustier man bei sich hat, wenn es dazu beiträgt gute Gefühle zu leben, dann ist das wunderbar.

Unserem Leben einen Sinn geben

Als ich in einem Vortrag von Prof. Hüther über die Nonnenstudie hörte, war ich begeistert! Bei dieser Studie geht es darum, dass man festgestellt hat, dass Nonnen nicht dement werden, obwohl ihre Gehirne im gleichen Prozentsatz wie bei allen anderen Menschen dement sein können. Aber der Körper kompensiert diese Degeneration. Bei anderen Forschungen hat man herausgefunden, dass der Grund hierfür drei optimale Bedingungen sind, die ein Mensch erfüllen muss um gesund zu bleiben. Diese sind:

Mit sich selbst reflektieren um die Zusammenhänge des Lebens zu erkennen.

Der Glaube daran, das eigene Leben gestalten zu können.

Einen persönlichen Sinn leben.

Reflektieren mit sich selbst und der Umgebung ist schon eine spannende Sache. Es ist nicht immer erfreulich, was da zutage tritt. Zu gerne verdrängen wir oder verstecken uns hinter den Alltagsanforderungen oder Ablenkungen. Selbstreflektion braucht Zeit. Sie sollte auch wohlwollend geschehen und nicht voller Selbstkritik oder Selbstablehnung sein. Wir sind in unserem Leben so oft kritisiert worden, dass uns die Kritik vertraut ist, und wir sie im Unbewussten fortsetzen, auch wenn unser Verstand längst signalisiert, dass sie nicht gut ist für uns. Vielmehr ist es wichtig uns in unseren Stärken zu bekräftigen, uns für uns zu begeistern!

Und aus dieser Begeisterung heraus können wir dann auch daran glauben, dass wir in unserem Leben etwas ändern, neu gestalten können.

Etwas was für uns Sinn macht, etwas was wir lieben und mit vollem Herzen dabei sein können! Einen lang gehegten Traum zulassen, ihm in Gedanken Raum geben, ihn mit bunten Bildern füllen, schon alleine das hebt die Laune. Und dann diesen Traum wachsen lassen, täglich anschauen und all die Einwände, die kommen, widerlegen. Es werden Einwände kommen aus Ihrem Inneren und von außen! Die Einwände von außen kommen meistens nicht, weil man Ihnen das Glück nicht gönnt, sondern weil man es selbst nicht hinbekommt und deshalb auch anderen nicht zutraut. Sie können aber auch kommen, weil Sie für die Bedürfnisse anderer nicht mehr zur Verfügung stehen, wenn Sie sich selbst zuwenden. Sie erkennen schon, um wessen gute oder schlechte Laune es hierbei geht?

Wenn Sie etwas tun, was Sie gerne tun, dann ist die gute Laune nicht weit. Dabei ist es völlig egal, ob Sie einen Kuchen backen oder eine Firma leiten. Wichtig ist bei allem zu beachten, dass wir andere nicht benutzen dürfen auf unserem Weg zur guten Laune.

Unendlich denken

Wenn man jung ist, dann hat man das Gefühl, alt zu sein ist unendlich weit weg. Ich weiß nicht mehr, wann das begann und was dieses Denken auslöste. Aber irgendwann ertappte ich mich dabei *endlich* zu denken. Dieses Denken, das mit einem „zu alt", das „lohnt nicht mehr" oder „das Letzte" verbunden ist. Plötzlich begann ich Ideen in Frage zu stellen und merkte, wie meine Begeisterung für Neues dahinschwand. Es war wie eine Lähmung, die sich über alles legte.

Als mir die Ursache bewusst wurde, begann ich ganz bewusst unendlich zu denken. Bei allem, was ich tue und was ich mir erträume, stelle ich mir nun vor, dass ich unendlich viel Zeit habe. Meine Begeisterung ist wieder da! Es hat sich nichts verändert in der Situation, und ich bin nicht so unrealistisch zu glauben, dass ich unsterblich bin, aber meine gute Laune ist wieder da.

Mit diesem kleinen Trick löse ich in mir ein gutes Gefühl aus. Niemand weiß, wieviel Zeit ihr/ihm hier auf der Erde gegeben ist. Aus dieser Tatsache wäre auch das unendliche Gefühl, das wir in der Jugend haben, Selbstbetrug, den wir auf allgemeine Erfahrungswerte stützen.

Und sollte mir jetzt jemand entgegen halten, dass man dann vielleicht Dinge beginnt, die nicht zu Ende geführt werden können, dann möchte ich daran erinnern, dass das, was bis dahin geschah, mit Begeisterung und guter Laune getan wurde und das Leben ausfüllte (so sollte es jedenfalls sein, sonst lässt man es besser). Das Tun als Solches macht das Leben aus und nicht nur das Endprodukt!

Unendlich denken öffnet die Grenzen nach oben, nach rechts, nach links ... macht weit.

Manche Menschen brauchen eine Erfahrung mit dem Tod um zu erkennen, dass sie ihr Leben einschränken zu Lebzeiten mit all den Sätzen die uns beschränkend und einengend gesagt wurden und werden, die uns umschwirren, unterdrücken, einketten, in Verliese der Unbeweglichkeit sperren. Zwar ist ein Licht zu sehen, das man aber als unerreichbar und vergittert wahrnimmt.

Unendlich zu denken in dem Sinn, dass man bis zum letzten Tag sein volles Potential lebt ohne sich einschränken zu lassen von äußeren Vorgaben, fördert unsere Gesundheit. Unser Leben erfährt dadurch lebendige Qualität. Zweifellos geht im fortgeschrittenen Alter alles nicht mehr ganz so schnell, wir brauchen mehr Pausen und die Regeneration dauert länger. Aber rechtfertigt das den Schaukelstuhl?

Ich habe in diesem Zusammenhang auch den Satz gehört, dass man sein Leben vor seinem Tod geregelt haben soll. Das ist gut und sinnvoll. Aber kann eine solche Regelung nicht auch mit unendlichem Denken verbunden sein? Wie schon erwähnt, wir wissen alle nicht wann wir gehen. Sollte es nicht eher so sein, dass wir unser Leben so gestalten, dass wir, egal wann wir von dieser Bühne abtreten, bei den Hinterbliebenen eine angenehme Erinnerung oder gar ein Lächeln hinterlassen?

Endlich denken begünstigt auch das Denken in ausgefahrenen „Autobahnen", wie Professor Hüther es in seinen Büchern benennt. Mit „Autobahnen" meint er, dass wir uns immerzu mit dem Gleichen beschäftigen, Gewohnheiten entstehen lassen, an den Gewohnheiten haften bleiben und dabei träge werden im Denken. Er rät dazu auch auf kleinen „Nebenstraßen" zu denken, immer Neues dazu zu lernen, mit immer neuen Eindrücken das Gehirn beweglich zu halten. Wenn die „Nebenstraßen" nicht benutzt werden, so schreibt er, dann wuchern sie zu und sind irgendwann nicht mehr begehbar. Das schränkt uns ein.

Seine Bücher über das menschliche Gehirn sind spannend zu lesen. Sie geben viel Einblick in unsere Schaltzentrale. Die Erforschung unseres Gehirns ist noch recht neu. Früher war unser Gehirn für uns ein großes Geheimnis. Es ist immer wieder interessant zu erfahren, was man darüber Neues entdeckt hat.

Endlich denken ist ein „Gute Laune Killer" und schränkt uns ein die Fülle des Lebens auszukosten.

Das Gute wahrnehmen und verankern

Es gibt aus dem NLP (Neurolinguistisches Programmieren) das Verankern von Gefühlen. Ich mache mir diese Möglichkeit schon lange zunutze indem ich die Fingerkuppen als Druckpunkte, Verankerungspunkte benutze, auf die ich verschiedene Gefühle verankere, die ich mir dann bei Bedarf abholen kann.

Das funktioniert so:

Wenn Sie gerade in richtig guter Laune sind, dieses Gefühl ganz viel Raum in Ihnen einnimmt, dann aktivieren Sie einen Druckpunkt am Körper, z. B. wie bei mir eine Fingerkuppe oder Sie legen die Hand auf Ihr Herz oder Sie drücken an einer anderen Stelle an Ihrem Körper und genießen dabei das gute Gefühl. Verweilen Sie ein wenig und lassen dann wieder los. Holen Sie sich die gute Laune auf Abruf, indem Sie bei Bedarf den Druckpunkt drücken.

Es ist sinnvoll diesen Anker immer mal wieder zu festigen, indem Sie gut gelaunt diese Stelle an

Ihrem Körper drücken oder mit einer eindeutigen Berührung aktivieren.

Ein weiteres Beispiel: Sie haben allen Grund sich zu loben und tun dies, indem Sie sich auf die Schulter klopfen. Damit aktivieren Sie hier das Gefühl gelobt zu werden. Wenn Sie nun ein Lob für sich brauchen und es Ihnen keiner gibt, dann klopfen Sie sich auf die Schulter und genießen das Gefühl des verdienten Lobes. Auch hier gilt, das Gefühl gelobt zu werden immer mal wieder neu festigen.

Ich habe auf der rechten Zeigefingerkuppe das Lachen (als Lachyogatrainerin ist das naheliegend) und auf dem linken Zeigefinger die Entspannung verankert. Das ist sehr praktisch, denn egal in welcher Situation, es sieht niemand, wenn ich mich entspanne. Auf dem rechten Mittelfinger ist bei mir das Gefühl der Liebe verankert und auf dem linken Mittelfinger die Begeisterung.

Wie Sie sehen gibt es viele Möglichkeiten auch über diesen Weg zur guten Laune zu finden.

Ich empfinde es als beruhigend zu wissen, dass ich gute Gefühle auf „Knopfdruck" abrufen kann.

Schlusswort

Vielleicht denken Sie nun, dass wenn man so viele Tipps zur guten Laune hat, man immer gut gelaunt sein müsste. Aber das ist nicht so. Jeder Mensch ist anfällig für all die Wegelagerer die uns die Zeit vermiesen wollen.

Wichtig ist nur, dass wir uns nicht von ihnen überrollen lassen, dass wir ihnen nicht unsere kostbare Zeit schenken und unser noch kostbareres Gefühl überlassen. Dass wir möglichst frühzeitig erkennen, warum wir schlecht gelaunt sind und dann ganz schnell Abhilfe schaffen.

Dazu habe ich hier alles aufgeschrieben, was ich in meinem Repertoire habe, und wünsche Ihnen von Herzen, dass Sie etwas daraus finden, das Sie bei Bedarf für sich umsetzen können.

Sollte für Sie nichts Brauchbares dabei gewesen sein, dann dürfen Sie mir gerne schreiben. Wir werden dann gemeinsam einen schlechte Laune Killer suchen und finden – für Sie ganz persönlich!

Sollten Sie weitere Tipps haben zur guten Laune, dann freue ich mich, wenn ich sie erfahren darf.

Schreiben Sie an meine Email-Adresse: gabriele@schmiedgen.de unter dem Stichwort „Gute Laune".

Über die Autorin

Gabriele Schmiedgen ist Jahrgang 1944. Sie hat drei Söhne die verheiratet sind und fünf Enkelkinder. Ursprünglich arbeitete sie über viele Jahre im Bauwesen. Eine Krankheit forderte sie heraus ihr Leben und Lebenswerte zu überdenken. Sie befasste sich mit der menschlichen Seele – zunächst mit der eigenen, um festzustellen wie fremd sie ihr war. Es folgte ein intensiver Lernprozess, theoretisch und praktisch, über die eigene Seele und über andere Seelen, über gut und schlecht, Glück und Trauer, gesund und krank, Leben und Tod. Heute ist es ihr ein Bedürfnis mit den Menschen zu lächeln, zu lachen, zu träumen, sie zu ermutigen zu sich selbst und sie zu fördern in ihrer Selbstwertschätzung.

Als Heilpraktikerin für Psychotherapie begleitet sie beratend und mit Hypnose. Als Entspannungs- und Lachyogatrainerin führt sie zu innerer Ruhe und zu fröhlichen Stunden.

Wer herzlich lachen will oder sein Lachen wiederfinden, ist eingeladen zu Seminarurlauben zum Lachen. Termine bitte erfragen.

Auch bietet sie ermutigende und unterstützende Beratung am Telefon an.

Mobil ist sie erreichbar unter: 0171 27 21 459

Altern mit Happy End

Wir stehen ganz aktuell vor der Frage wie die alternde Gesellschaft wirtschaftlich aber auch sozial aufgefangen werden soll, weil man mit Alter sofort Krankheit, Gebrechen, Demenz und Pflegeaufwand verbindet. Weder die Politik noch die Medizin wissen eine beruhigende Antwort. Es liegt an uns zur Selbsthilfe zu greifen und das Rentenalter nicht als „Ruhestand" zu verstehen, der in die Sackgasse der Abhängigkeit und Krankheit führen kann. Wir haben, wenn wir in Rente gehen noch etwa zwanzig wertvolle Jahre vor uns. Das Buch möchte dazu ermutigen diese Zeit zu nutzen, um selbstbestimmt, körperlich und geistig fit noch viele Jahre erleben zu können. Es zeigt die vielfältigen Möglichkeiten auf, die uns auf allen Ebenen beweglich halten. Die „Alten" ab 60 sind nicht zu alt, um Träume zu verwirklichen. Träume wahr zu machen, macht glücklich und nachweislich auch gesund. So ist es eine wunderbare Aufgabe im Alter das eigene Glück zu suchen oder zu vertiefen und an die jüngeren Generationen weiter zu geben.

Gabriele Schmiedgen

ISBN 978-3-86858-926-9   Shaker Media Verlag   12,90 €

Eva und der irische Seefahrer

Die achtundsechzigjährige Eva verliebt sich in die romantischen Mails von Cary. Obwohl sie nicht die gleiche Sprache sprechen und Cary viel jünger ist als sie, glaubt Eva an eine große Liebe. Sie erlebt eine glückliche Zeit mit vielen wunderbaren Erfahrungen. Ihr Traum vom Happy End ist zum Greifen nah und wartet nur auf die Erfüllung …

Gabriele Schmiedgen

Eingebettet in den Satz: „Take care and have a wonderful day!" beschreibt die Autorin die wahre Geschichte von Eva, die über Facebook von Cary angesprochen wird.
Die Figur der Eva und deren Umfeld sind frei erfunden. Die Mails sind im Original übernommen und die Gedanken und Gefühle der Eva sind wahr.
Im Mittelteil des Buches erklärt die Autorin die Vorgehensweise der Nigeria Connection und gibt im Schlussteil Tipps, Ermutigungen und Anregungen für Betroffene.

www.evas-romantische-liebe.de

ISBN 978-3-95631-141-3   Shaker Media Verlag   12,90 €